Cokou CODJO BLIGUI

Travers à Venir

Cokou CODJO BLIGUI

Travers à Venir

Recueil de poèmes

Éditions Muse

Imprint

Cover image: www.ingimage.com

Publisher:
Éditions Muse
is a trademark of
Dodo Books Indian Ocean Ltd. and OmniScriptum S.R.L publishing group

120 High Road, East Finchley, London, N2 9ED, United Kingdom
Str. Armeneasca 28/1, office 1, Chisinau MD-2012, Republic of Moldova, Europe
Printed at: see last page
ISBN: 978-620-4-96287-0

COKOU CODJO BLIGUI

TRAVERS À VENIR

Recueil de poèmes

Préface de Damien SEDEGNAN

Postface de Théophile Sèwanou

EDITIONS MUSE

Table des matières

Avertissement

Ami lecteur qui, cet ouvrage, veux

Dévorer avec son esprit par ses yeux,

J'aimerais ici te faire un vœu

Afin que tu dégustes au mieux

Les mi- salés et mi- mielleux,

Les mi- ténébreux et mi- lumineux,

Que tu croiseras dans ce creux

Où tu t'engouffres, pauvre grincheux !

Vivement que tous les dieux

Domiciliés dans nos trous moelleux

Daignent activer chez toi ces deux

Atouts très précieux :

Une tolérance à zéro degré belliqueux

Et une sensibilité à ton merveilleux !

Cokou CODJO BLIGUI

IN MEMORIAM

A Feu **Thierry Zinsou CODJO BLIGUI,**

Mon père de qui je naquis!

La mort est un tyran qui

Ne ménage personne.

Tu n'as été que mon devancier, papa!

En attendant que mon heure sonne,

Je te promets de tout donner ici-bas,

De surpasser tes œuvres,

En vue de contribuer à la reconstruction du monde.

Je t'apporterai les preuves de mes œuvres

Et te ferai découvrir, père, un nouveau monde.

REMERCIEMENTS

Je tiens à exprimer, ici, ma gratitude à tous ceux et celles qui ont consacré leur temps à la lecture de cet ouvrage, à plus d'une reprise, et qui m'ont apporté leurs conseils et leur aide efficace et vivifiante ; à tous ceux et celles qui, par leur présence à mes côtés, me fortifient et me rappellent que j'accuse du retard par rapport à la finalisation de tel ou de tel autre projet d'écriture ; à tous ceux et celles qui partagent avec moi les mêmes supports de lecture, et tout spécialement

Monsieur Prudent KPOMASSI
Etudiant au Département des Lettres Modernes à
l'Université d'Abomey-Calavi

Monsieur Cédric BAKPE
Journaliste à Radio Univers FM 108.0, Animateur
de l'émission « Au Cœur de la Littérature »

Madame Léontine AKPOVI
Enseignante de Lettres dans les collèges et lycées
du Bénin

Monsieur Euloge KOUEVI
Etudiant au Département des Lettres Modernes à
l'Université d'Abomey-Calavi

Monsieur Gildas A. HOUNKPONOU
Enseignant de Littératures et Civilisations
Espagnoles dans les collèges et lycées du Bénin

Monsieur J-Christ TOSSA
Etudiant en Communication d'Entreprise à l'institut
universitaire Les Cours Sonou (Abomey-Calavi)

Monsieur Clément DOTO
Linguiste et Graphiste résidant à Abomey-Calavi

et

Bonaventure CODJO BLIGUI
A qui je dédie cet ouvrage.

L'AUTEUR

Cokou CODJO BLIGUI est né le 19 janvier 2000 à Cotonou en République du Bénin. Après le décès de son père en 2007, il passa la majeure partie de son enfance auprès de sa grand-mère ATCHANHOUIN Marie et plus tard, celle de son adolescence, auprès de son oncle HOUNKPONOU Urbain, qu'il appelle affectueusement « Père ».

De 2007 à 2017, il est resté à Sikècodji où, après de brillantes études à l'EPP[1] Sikè-sud/B, il obtint son Certificat d'Etude Primaire à l'âge de 10 ans. Il a poursuivi ses études au CEG[2] Sainte Rita où il obtint son Brevet d'Etudes du Premier Cycle à 14 ans et son Baccalauréat à 17 ans.

Il s'inscrit au Département des Lettres Modernes à l'Université d'Abomey-Calavi pour consolider ses connaissances en littérature et dans la connaissance des grandes civilisations du monde.

---

[1] EPP signifie Ecole Primaire Publique

[2] CEG signifie Collège d'Enseignement Général

Il a une profonde vénération pour sa mère non seulement parce que celle-ci lui a donné la vie, mais aussi parce qu’elle est son appui.

DU MEME AUTEUR

— <<La Fille aînée du PR>>, récit, in *Le Bénin de mes rêves à l'horizon 2070*, Collectif, Hugues Hector ZOGO (dir), Cotonou, Mémoire Héritage, 2020, 170p.

PREFACE

Quand j'ai reçu l'honneur d'être, celui-là même, choisi pour préfacer le présent ouvrage, je me suis trouvé portant tout de suite un si lourd fardeau. C'était une grande responsabilité qui venait de m'échoir.

Le monde court à sa perte et Cokou Codjo Bligui est l'une des jeunes plumes contemporaines qui, par leur écriture, l'empêchent de déchoir totalement ; de s'effondrer.

Travers à Venir est un ensemble de textes poétiques qui peint une société actuelle, et annonce une autre à venir ; si, le silence et la passivité continuent d'être le mot d'ordre face à certains faits, certains actes, voire, certains pas que nous posons.

La plupart des poèmes regroupés dans ce recueil se présentent comme des intrigues narratives. L'auteur y exprime sa conception, ses impressions, ses émotions, etc. sur plusieurs thèmes en nous présentant parfois, des personnages thématiques. Ce qui porte à croire qu'il voudrait bien nous faire vivre ses idées, le monde qu'il peint d'une manière ou d'une autre.

On peut le qualifier d' « Humaniste » car, il se préoccupe de sa société et des problèmes qui y règnent. Vu qu'il présente les réalités de cette société, il les dénonce, comme le dirait Jean-Paul Sartre.

Codjo Bligui nous fait voyager dans un monde dont il est le seul à détenir les clés authentiques des divers symboles qu'il manipule. Le lecteur ne fera que les ressentir.

La thématique qui structure ces poèmes repose sur les plans culturel et social. Tous les thèmes sont liés à l'Homme et à sa société.

Les poèmes de Cokou Codjo Bligui sont métaphoriquement construits.

Ils relèvent de sa perception personnelle du présent monde et de sa vision pour celui futur.

Damien SEDEGNAN
Homme de Lettres

LIRE OU PERIR

Le livre c'est mon monde.

Un livre pour moi c'est tout.

J'aime les livres à la mode

Et j'adore ceux qui sont roux.

Cokou CODJO BLIGUI

CE QUE MOURIR VEUT DIRE

Si vivre est beau, mourir l'est plus encor !

Il n'y a que ceux qui n'ont jamais vu le cadavre

D'une jeune fille aux mamelles qui enivrent

Qui puissent se targuer avec vanité d'abord

De la permanente rêverie

Que constitue la vie.

La mort est pour la vie

Ce qu'est le sel pour la sauce.

Elle offre une destinée bien douce

Aux âmes qu'elle chérit.

Elle est un feu très ardent

Qui embellit tout ce qu'il touche.

Comme il est bien de mourir en groupe !

C'est fascinant de voir des apprenants

Que le travail, dans une salle, regroupe

Devant leur éminent enseignant

Disparaître tout à coup

A cause d'une petite bombe

Déposée par un potache en dessous

De son sac qui, par mégarde, tombe.

Ô doux Ciel,

Qu'il est mieux de mourir brusquement

Sans aucune souffrance corporelle

Que d'être obligé d'attendre longuement

Pendant une pathologie qui nous détruit

Le galant docteur, qui, opérant sans bruit,

Parvient à nous délivrer de nos maux !

Ô Ciel ! Que mourir est beau !

Vivre, c'est préparer sa mort prochaine;

Mourir, c'est avoir vécu en chaîne.

L'être humain est depuis sa naissance

L'esclave des travaux qui parfois l'agacent.

Il n'y a que la mort qui parvient sans grand effort

A le délivrer des tâches qui l'épuisent bien fort.

Le travail, c'est l'homme !

Il est pour la vie, un arôme.

Tous les êtres vivants travaillent d'abord

Avant de manger à satiété.

C'est un grand travail que de téter.

Voler, c'est travailler deux fois encor.

Et quand le travail commence par épuiser

L'homme le plus vaillant du monde,

Il ne lui reste qu'à souhaiter

Le repos éternel qu'offre l'autre monde.

Vain homme qui fuit la mort !

N'as-tu jamais vu tout le décor

Qu'organisent tes semblables autours

De ceux qui, tour à tour,

Vous précèdent dans le repos éternel ?

Oh! Que tout y est solennel !

Regarde toute l'esthétique dont les artisans

Avec toute une dextérité manuelle

Étoffent les bières comme un olifant.

C'est tout un art qu'ils manivellent !

Et qui dira que cela est un effort vain ?

Celui-là ne serait né que d'un bovin.

La mort est une retraite

Que la providence accorde à tous

Sans distinction de sexe, race ni rate.

Et pour bénéficier de cette paix bien douce,

Il suffit de se déclarer vaincu,

Vaincu par ses tâches ardues.

Nul ne meurt sans avoir capitulé.

Pour vivre longtemps, il ne faut jamais

Arrêter de travailler pour demain.

Mourir, c'est se reposer.

LE RIRE, UNE THERAPIE

Un homme ne rit pas beaucoup m'a-t-on dit.

Cette phrase, au début je la démentis.

Mais plus tard, en sortant de mes errances,

Je me rendis compte de son évidence :

Le rire à l'excès d'un mâle

Suscite des doutes sur son état viril.

Mais que m'importe les critiques

En face de ma manie thérapeutique?

Chaque matin, le soleil me sourit

Et moi, je ris.

Je me remémore le tonitruant discours

De l'un de mes enseignants en plein cours:

<<Une jeune fille, une jeune fille,

Qui sort d'une bonne famille,

Ne rit pas en désordre>>.

Nous rîmes jusqu'à nous tordre.

<<Une jeune fille, renchérit-il, sourit>>.

Mais, serons-nous encore capables de rêveries,

Si tous les hommes doivent être identiques ?

Ma sœur, ne frime aucun sourire mimétique.

Parfois il m'arrive de rire seul.

Sans faire attention, j'ouvre grand ma gueule

Quand je pense à un événement heureux.

Les gens rient de moi et je ris d'eux.

Ils pensent que je développe la folie

Mais moi je sais qu'ils affectionnent une pathologie.

Celle du rire qu'à chacun je donne.

Cette pandémie n'épargne personne,

À la vitesse de lumière elle atteint le monde.

Chaque matin, offre ton sourire au monde.

L'ECRIT VAIN NOUS TUE

L'écriture est aussi un métier!

L'écriture, c'est tout un art.

Cet art n'est pratiqué que par des initiés.

L'écriture, c'est tout un bazar.

Un bazar de mot

Qui vole tel un oiseau

Au-dessus des eaux

Pour se coller au dos

Des supports en vue de donner vie.

Après le commencement était l'écriture.

L'écriture était vie.

Mais en même temps l'écrit tue.

Si la fonction de l'écrivain

Est de dévoiler le monde,

Alors son écrit n'est pas vain.

Dans un bon livre, les mots rodent

Et rachètent des âmes en larmes

Abrutis par la mondialisation

Et abasourdis par les alarmes

Des églises en mission.

Devant la Providence, L'écrivain et le médecin

Sont tous deux promus au rang de saints

Car si l'un guérit les maux

Avec ses médicaments ardents,

L'autre en fait pareillement

Mais cette fois-ci, avec ses mots.

ENTRE MISE EN SCENE ET REALITE

Quand vivre devient une routine,

On ne vit plus : on existe.

Il faut bien que des scènes fatalistes

Parfois contre notre quotidien butinent.

Les drames n'existent pas que dans les films

Ils sont partout et attendent qu'on les filme.

Un mardi du mois de février,

Étant descendu de mon grenier,

Je me dirigeai comme à l'accoutumée

Vers mon poste de job à proximité

De la grande voie bitumée

A la recherche d'un peu de liquidité.

Pendant que tout allait pour le mieux,

Pour des gens qui ne sont pas vertueux,

Une scène qui relevait de la compétence

Des vrais cinéastes en jactance

Vint se produire sous mes yeux.

Elle avait pour seul réalisateur, Dieu.

Le soleil arrivait à peine au zénith

Et brûlait toutes les nues têtes.

Les véhicules chantaient leur hymne

Et la circulation avait bonne mine

Jusqu'à l'heure où j'ouïs un bruit de foudre.

C'est une roue qui vient de se dissoudre.

Tous les regards se dirigèrent vers l'endroit

Où le son s'était fait roi.

Mais avant que chacun n'analyse

Ce qui, en ces lieux, se réalise

Un autre épisode était débuté

Et mettait tous nos sens en difficulté.

La voiture dont la roue avant s'est essoufflée

Vient à l' instant de s'envoler.

Elle fit une rotation rapide dans les airs

Et retomba sur le crâne, les pattes en l'air.

Son visage vitré s'émietta

Et sa corpologie se démonta.

Tout le monde voulait savoir si le bébé
Qui était dans ses entrailles imbibées
De carburant était toujours vivant.
Sur l'heure, quelqu'un poussa la portière-avant
C'était le côté chauffeur même.
Nous en vîmes ramper un homme !

En sortant, il souleva son indexe droit

Nous comprîmes qu'il portait seul cette croix.

Cela apaisa nos cœurs profondément

Bien que nous fussions étonnés agréablement

De voir cet accidenté se lever et marcher

Sans qu'aucune blessure n'ait sa peau

écorchée.

MON DIVORCE D'AVEC DAME VERTU

Je fréquentais un ami
Qui nourrissait un ardant appétit
Pour les jouvencelles
Que la puberté harcèle.
Je désapprouvais fort ce goût
A l'allure très voyou,
Mais un jour, je fus contraint
De revoir, moi-même, mon entrain.
Moi, qui ne traitais qu'avec les majeures
Et qui reléguais au second rang, les mineures.

Assis à la dextre latérale

De la rue et savourant l'air vespéral,

Nous vîmes passer une adolescente

A la poitrine bien opulente.

Mon ami ne laissa pas sa place

Il l'appela et lui fit prendre place.

La fifille sans aucune manière

Apposa sa marchandise de derrière

Sur le même banc que nous.

L'autre lui parla de sexe sans tabou.

Vers la fin de l'entretien, je tendis l'ouïe,

Espérant entendre un petit oui.

C'est malgré moi que je perçus

Cette sentence qui me fige et me tue :

—Toi-même, t'es-tu bien regardé ?

Penses-tu pouvoir me régaler ?

Avec ton corps menu et sans graisse,

Que te resterait-il si par grâce,

Je t'ouvre, jamais les deux battants

De mon jardin tout grandement ?

Ceci dit, elle se leva et partit.

Hébété, je jetai un coup d'œil à mon ami.

Il me fixait lui aussi de ses yeux

Et avec un sourire victorieux,

Il me dit ce qui suit

— Vois-tu, cette fille a déjà un puits

Là où toi tu imaginais un petit trou.

Quand tu passes ton temps à être mou,

Quand tu ménages leurs appâts pour demain,

Elles savourent un amour sans lendemain

Avec des hommes ayant deux fois ton âge.

Je répliquai sans ambages :

J'ai tout compris, cher Ami

L'apparence est perfidie

Autant que la pierre qui brille.

Dès aujourd'hui toutes les belles filles,

Dont le corps prend de poétiques rondeurs,

Seront toutes dans mon collimateur.

Je vais toutes les avoir

Sans me faire avoir

La vertu n'est qu'ingrate maîtresse

Devant le plaisir, elle n'est que faiblesse.

OURAGAN : QUAND AAGAN CROISE ZANGAN

Aagan est un roi

Qui réside dans le noir

Personne ne le voit éveillé,

S'il n'est du couvent initié

Et mis à part sa moitié,

Nul ne peut le bercer.

Il se couche toujours bien drapé

Il n'aime pas se faire attraper

Par les mains impures d'un profane

Aussi, reste-t-il toujours sur ses gardes

Il surveille tous ceux qui le regardent

Et se dérobe avec un rire jaune

À tout assaut manuel

Comme le fait dame sauterelle.

Quand Aagan reste longtemps seul,

Il dépérit et devient veule;

Il pâlit et nourrit une folle envie

De manger le gros gibier

Or, pour en trouver un, il faut être carnassier

Chasser et se nourrir de chair jusqu'à la lie.

Faire couler du sang

Du sang frais, rouge sang

Sans s'en détourner un instant

Sans sentir l'odeur du sang.

Pour trouver le gros gibier,

Il faut en tâter plusieurs;

Il faut être plus qu'un Sieur;

Il faut côtoyer le Créateur des gibiers.

Aagan lui était plus qu'un Sieur.

Il a dépassé le grade de Monseigneur;

Il se fait désormais appeler le Fils de Dieu;

Il est le fils et le père de la mort;

Il est le maître de tous les petits dieux;

Il est revenu d'entre les morts

Pour triompher de la vie;

Satisfaire à loisir ses envies.

Mais Aagan a un faible pour Zangan

Zangan est la déesse de Zan.

Zan, la nuit profonde ;

Zan la nuit de la nuit.

Zangan est la maîtresse de la nuit.

Les profondeurs de la nuit, elle les sonde !

Personne ne visite Zangan après minuit

Car elle est la gardienne de la nuit.

Elle se déshabille à cette heure

Et se toilette pendant sept heures.

Elle emprisonne quiconque la croise

Avec des astuces narquoises.

Elle égorge les dames

Et châtie les hommes.

Mais quand Aagan croise Zangan,

La maîtresse des séants,

Dans sa forêt sacrée et ténébreuse

D'où émerge une lueur rouge et boueuse;

Quand Aagan découvre Zangan,

Hors de l'enveloppe des gants,

La forêt se met en chaleur.

Herbes, arbustes, arbres, eux, en sueur.

Quand Aagan croise Zangan,

La forêt se met en bûcher

Et pour les reliques sacrées sauver,

Il faudrait qu'Aagan provoque un ouragan.

Un ouragan d'une puissance à convoquer

Une pluie diluvienne à s'abattre

En toute urgence sur la forêt sans débattre

De la saison qui alors, fait sa tournée.

Aagan connaît bien son devoir

Il n'est pas du genre à voir

La lueur rouge sans s'émouvoir

Il sait bien que pour éteindre le feu,

Il faudrait surmonter tous les déboires;

Il faudrait faire tout ce que l'on peut.

Tenter si possible l'impossible

Pour redonner à la forêt son aspect paisible.

Il sort, lui aussi, de ses draps

Et se met à la recherche du temps perdu.

Mais il comprend que dans cette quête, ses bras

Sont d'une inutilité notoirement reconnue

Il les dissout alors dans son corps.

Il ne lui reste ainsi que son tronc,

Qui grandit et fait des bonds.

Il devient plus immense encore.

Il fonce dès lors, tête bien dressée

Au milieu des broussailles pour s'engouffrer

Dans l'orifice central de la forêt sacrée

Il se retire légèrement pour s'enfoncer

De plus belle en cherchant à impressionner

La gardienne de la nuit, qui, pour l'encourager,

Pousse de long soupir avec sa voix frissonnante.

Son souffle saccadé se fait entendre

Comme une mélodie ensorcelante

Qui tend à, le cœur d'Aagan, fendre.

Celui-ci continue sans cesse sa besogne.

On entend parfois des grognes

Après que sa tête cogna un rocher.

Néanmoins, cette manœuvre révèle

De grands avantages à pérenniser

Car en peu de temps, l'air se renouvèle

Et un souffle glacial embrasse la forêt.

Zangan s'agrippe au travailleur sans arrêt.

Ce dernier redouble d'ardeur

Et au bout d'un certain temps,

On voit jaillir de l'orifice en toute candeur

Un liquide blanchâtre et gluant

Qui se reprend sur toutes les feuilles

Devenues, entre temps, des pailles.

L'incendie est maîtrisé

Au grand bonheur de tous

Aagan en sort très épuisé

Et Zangan, très heureuse, lui promet tout.

REGLEMENT DE COMPTE

On n'emprisonne pas du vent dans le creux

De la main, encore moins, une Vipère en furie

Une meute de chiens ne peut, je parie

Chasser un lion ayant le ventre creux.

Mon silence n'est pas un signe de veulerie

Je ne peux juste pas manifester ma folie

En pourchassant un fou qui m'arrache

Mon pagne et s'y attache.

Mon inaction est comparable

A la sagesse de la vipère

Qui se laisse rouer dans la poussière

Par les tous petits anges adorables.

Qui peut savoir que la poule a des oreilles

Si auparavant, il ne s'approche de sa tête ?

Chaque homme a du sang dans ses entrailles

Cependant, il crache du blanc sur une planchette.

C'est de la marmite noire et carbonisée

Que sort la pâte blanche

C'est l'enfant qui s'applique à ramper

Qui devient plus tard un homme qui marche.

Et qui peut empêcher une destinée humaine

De s'accomplir tel que la providence le veut ?

Quel est cet œuf dont la haine

Le conduira à bousculer un rocher s'il le veut ?

La marmite en terre cuite qui roule,

N'a pas assez de cœur pour cogner un roc

D'ailleurs, rien de bien n'en découle

Si ce n'est sa brisure après le choc.

La poule qui fouille tout

Ne saurait fouiller de la braise

Même si c'est la faim qui l'embrase,

Elle sait qu'on n'obéit pas à tout.

La potasse ne peut cependant pas

Désobéir aux injonctions du crincrin[3].

Où a-t-on jamais vu la culotte de lin

Ronchonner quand les fesses mettent du vent bas ?

Aller, venez tous vous agenouiller,

Vous tous qui restez éveiller

Quand tout le monde dort

Pour décompter mes pores

---

[3] Le mot crincrin est le nom français que les Béninois donnent à la corète potagère dont le nom scientifique (ou biologique) de la plante est: *Corchorus olitorius*.

Je vous envoie une convocation

Et nul ne rejette les appels

Seule l'offre qui s'en suit connaît une objection.

C'est moi, le fils du soleil qui vous appelle.

On n'égorge pas un coq

Sans avoir au préalable rafraîchi sa gorge

Tenez, voici de l'eau, dans cette coque[4]

Buvez-la avant que je vous fasse rendre gorge.

---

[4] Ici, la coque dont il s'agit n'est rien d'autre qu'une Calebasse remplie d'eau.

Vous avez déjà pris trop de liberté

Je suis resté longtemps spectateur

Sachant bien que viendra l'instant T.

Chacun ayant son tour chez le coiffeur.

Maintenant, je vous attache tous

Ensemble avec ces rameaux pour l'éternité

Et je vous jette dans l'océan agité.

Plus jamais on n'entendra parler de vous !

POSTFACE

La poésie de Cokou CODJO BLIGUI[5]

Au-delà de la souplesse, de l'esthétique des vers et de la mélodie poétique, lisons chez Cokou CODJO BLIGUI une poésie bio centrique qui, se jouant de la muse, nourrit l'ambition de "dire la vie". La pertinence des thèmes que brosse sa plume nous place à l'hôtellerie de l'évidence vitale, mais refuse cependant de nous en donner la clef, comme

---

[5] Le texte qui tient lieu de postface à *Travers à Venir* ici n'est nul autre que l'analyse que Théophile VODOUNON fit, au lendemain de sa publication, sur la toute première version numérique de ce recueil de poèmes mis en ligne sur la plateforme des éditions 999 le 08 juillet 2020 avec pour titre original (nous l'avions déjà mentionné), *Ouragan :quand Aagan croise Zangan.*

Descartes scellerait volontiers celui de l'hôtellerie où il a logé l'évidence de la vérité.

Sans doute, sa vision ne serait que d'aller au-delà du simple dessein de faire des vers; de se transporter alors jusque dans le psychisme de ses lecteurs, pour étouffer en eux ce qui chez eux forcit leurs appréhensions à la vie. Pour lui, écrire c'est soigner, comme il le dira aussi clairement d'ailleurs :

« Devant la Providence, L'écrivain et le médecin

Sont tous deux promus au rang de saints

Car si l'un guérit les maux

Avec ses médicaments ardents

L'autre en fait pareillement

Mais cette fois-ci, avec ses mots.»

Mais qu'il soigne! Ne soigne-t-il pas déjà quand il tranche tout net la nécrophobie ? Pour lui, tout comme pour l'écrivain et philosophe danois

Kierquegaard, la mort ne devrait pas être un handicap pour nous, mais plutôt un motif pour notre ascension. Elle est nécessaire et sans elle, la vie n'aurait de sens, soutient-il à l'instar des grands philosophes (Épicure surtout).

« La mort est pour la vie

Ce qu'est le sel pour la sauce », écrit-il.

Dès que l'on sait qu'il est inutile de fuir la mort, que faut-il encore craindre? Le reste, ou plutôt l'essentiel, c'est de se forger une force carapace pour supporter les coups bas éventuels de la vie, vivre tout en souriant à la vie. Rire aussi, c'est se soigner.

« Chaque matin, le soleil me sourit

Et moi, je ris.

[•••]

Chaque matin, offre ton sourire au monde. »

Cette poésie de la vie donne aussi bien dans le lyrisme avec les mille appels aux images.

Quand nous entamons le poème vedette de ce recueil, ce poème qui lègue son titre au recueil, on ne tombe pas que dans du lyrisme mais dans un univers luxurieux, où les mots, à loisir, se dévêtent de leur armure d'innocence pour habiller plutôt le moi sensible et délirant de l'auteur. La bienséance veut qu'il voile les termes sensibles et impudiques par les images obscurs aux profanes mais transparentes aux initiés. Tout cela pour exigences de vertu. Mais, il reconnaît dépendant :

« La vertu n'est qu'ingrate maîtresse

Devant le plaisir, elle n'est que faiblesses »

Il faut donc comprendre, dans ce poème vedette, que c'est la dictée du plaisir !

Quand Aagan croise Zangan, mes dames et messieurs, je ne vous dirai pas que ça chauffe, que ça mouille, que ça gémit, ronfle, puis crache blanc dans la forêt noire touffue.

Théophile Sèwanou

Ecrivain

Printed by Books on Demand GmbH, Norderstedt / Germany